◆———✳·✳———◆ ❖ ◆———✳·✳———◆

성경필사로 영어공부

유명성경말씀 따라쓰기

영어필기체, 한글필사

꿈그린 어학연구소

◆———✳·✳———◆ ❖ ◆———✳·✳———◆

성경필사로 영어공부 유명성경말씀 따라쓰기

영어필기체, 한글필사

발 행 2024년 08월 11일

저 자 꿈그린 어학연구소

펴낸곳 꿈그린

E-mail kumgrin@gmail.com

ISBN   979 - 11 - 93488 - 26 - 3

ⓒ 꿈그린 어학연구소 2024

머리말

이 책은 우리에게 잘 알려진 성경 구절, 특히 지혜와 은혜를 주는 말씀을 선별하여 한국어와 영어로 비교하고 써보며 이 구절들이 어떻게 번역되는지 알고 싶으신 분들을 위해 제작되었습니다.

여기에 사용된 성경은 개역 한글판과 킹제임스 성경이 이용되었습니다. 각 절의 한영 병렬 번역 또한 제공하고 있습니다. 또한, 영어와 한국어 별로 말씀 필사 공간(✝)을 마련해 성경 쓰기를 하며 은혜 받고자 하는 독자들을 배려했습니다. 특히 영어의 경우, 필기체로 해당 말씀들을 따라 써볼 수 있도록 하였습니다. 한글 성경의 경우 정자체로 따라 쓰기 페이지를 제공하고 있습니다. 이 책은 병렬 번역을 통해 말씀을 공부하시고, 이 말씀을 따라서 써 보시면서 묵상하고 싶은 분들에게 추천합니다.

그러므로 이 책은 기독교인뿐만 아니라 영어 필기체 연습에 관심이 있는 분, 유명 성경 구절을 한영 대조 해가며 영어 공부를 하고 싶으신 분들을 위한 책으로, 학생들에게도 추천드릴 수 있습니다.

이 책을 통해 그리스도인들이 은혜를 받고, 영어와 한국어 성경의 매력을 감상하는 기회가 되기를 바랍니다.

2024년 7월

차 례

Bible Verses About Gratitude

감사의 성경 말씀

Philippians 4:6-7

6 Be careful for nothing; but in every thing by prayer and supplication with thanksgiving let your requests be made known unto God.

7 And the peace of God, which passeth all understanding, shall keep your hearts and minds through Christ Jesus.

빌립보서 4:6-7

6 아무 것도 염려하지 말고 오직 모든 일에 기도와 간구로, 너희 구할 것을 감사함으로 하나님께 아뢰라

7 그리하면 모든 지각에 뛰어난 하나님의 평강이 그리스도 예수 안에서 너희 마음과 생각을 지키시리라

Parallel Translation

6 아무 것도 염려하지 말고 Be careful for nothing 오직 모 든 일에 기도와 간구로 but in every thing by prayer and supplication, 너희 구할 것을 let your requests 감사함으로 with thanksgiving 하나님께 아뢰라 be made known unto God.

7 그리하면 And 모든 지각에 뛰어난 which passeth all understanding 하나님의 평강이 the peace of God 그리스도 예수 안에서 through Christ Jesus 너희 마음과 생각을 지키 시리라 shall keep your hearts and minds

✝

6 Be careful for nothing; but in every thing by prayer and supplication with thanksgiving let your requests be made known unto God.

7. And the peace of God, which passeth all understanding, shall keep your hearts and minds through Christ Jesus.

6 아무 것도 염려하지 말고 오직 모든 일에 기도와 간구로, 너희 구할 것을 감사함으로 하나님께 아뢰라

7 그리하면 모든 지각에 뛰어난 하나님의 평강이 그리스도 예수 안에서 너희 마음과 생각을 지키시리라

Colossians 3:17

And whatsoever ye do in word or deed, do all in the name of the Lord Jesus, giving thanks to God and the Father by him.

골로세서 3:17

또 무엇을 하든지 말에나 일에나 다 주 예수의 이름으로 하고 그를 힘입어 하나님 아버지께 감사하라

Parallel Translation

또 And 무엇을 하든지 whatsoever ye do 말에나 일에나 in word or deed 다 all 주 예수의 이름으로 하고 in the name of the Lord Jesus 그를 힘입어 by him 하나님 아버지께 to God and the Father 감사하라 giving thanks

✝

And whatsoever ye do in word or deed, do all in the name of the Lord Jesus, giving thanks to God and the Father by him.

또 무엇을 하든지 말
에나 일에나 다 주 예수
의 이름으로 하고 그를
힘입어 하나님 아버지께
감사하라

1 Thessalonians 5:18

In every thing give thanks: for this is the will of God in Christ Jesus concerning you.

데살로니가전서 5:18

범사에 감사하라 이는 그리스도 예수 안에서 너희를 향하신 하나님의 뜻이니라

Parallel Translation

범사에 In every thing 감사하라 give thanks 이는 for this 그

리스도 예수 안에서 in Christ Jesus 너희를 향하신

concerning you 하나님의 뜻 the will of God 이니라 is

✝

In every thing give thanks:
for this is the will of God in
Christ Jesus concerning you.

범사에 감사하라 이는
그리스도 예수 안에서
너희를 향하신 하나님의
뜻이니라

Gratitude 4

Hebrews 12:28-29

28 Wherefore we receiving a kingdom which cannot be moved, let us have grace, whereby we may serve God acceptably with reverence and godly fear:

29 For our God is a consuming fire.

히브리서 12:28-29

28 그러므로 우리가 진동치 못할 나라를 받았은즉 은혜를 받자 이로 말미암아 경건함과 두려움으로 하나님을 기쁘시게 섬길찌니

29 우리 하나님은 소멸하는 불이심이라

28 그러므로 우리가 Wherefore we 진동치 못할 which cannot be moved, 나라를 받았은즉 receiving a kingdom 은혜를 받자 let us have grace 이로 말미암아 whereby 경건함과 두려움으로 with reverence and godly fear 하나님을 기쁘시게 섬길찌니 we may serve God acceptably

29 우리 하나님은 For our God is 소멸하는 불이심이라 a consuming fire.

✝

Wherefore we receiving a kingdom which cannot be moved let us have grace whereby we may serve God acceptably with reverence and godly fear: For our God is a consuming fire.

그러므로 우리가 진동치 못할 나라를 받았은즉 은혜를 받자 이로 말미암아 경건함과 두려움으로 하나님을 기쁘시게 섬길찌니우리 하나님은 소멸하는 불이심이라

* 1 Corinthians 15:10 *

But by the grace of God I am what I am: and his grace
which was bestowed upon me was not in vain; but I
laboured more abundantly than they all: yet not I, but the
grace of God which was with me.

* 고린도전서 15:10 *

그러나 나의 나 된 것은 하나님의 은혜로 된 것이니
내게 주신 그의 은혜가 헛되지 아니하여 내가 모든
사도보다 더 많이 수고하였으나 내가 아니요 오직
나와 함께하신 하나님의 은혜로라

Parallel Translation

그러나 But 나의 나 된 것은 I am what I am 하나님의 은

혜로 된 것이니 by the grace of God 내게 주신 그의 은혜

가 and his grace which was bestowed upon me 헛되지 아

니하여 was not in vain 내가 모든 사도보다 더 많이 수고

하였으나 but I laboured more abundantly than they all 내

가 아니요 yet not I 오직 but 나와 함께하신 which was

with me 하나님의 은혜로라 the grace of God.

✝

But by the grace of God, I am
what I am: and his grace which was
bestowed upon me was not in vain: but
I laboured more abundantly than
they all: yet not I, but the grace of
God which was with me.

그러나 나의 나 된 것은 하나님
의 은혜로 된 것이니 내게 주신
그의 은혜가 헛되지 아니하여 내
가 모든 사도보다 더 많이 수고
하였으나 내가 아니요 오직 나와
함께하신 하나님의 은혜로라

Bible Verses About Healing

치유의 성경 말씀

⋆1 Peter 2:24⋆

Who his own self bare our sins in his own body on the tree, that we, being dead to sins, should live unto righteousness: by whose stripes ye were healed.

⋆베드로전서 2:24⋆

친히 나무에 달려 그 몸으로 우리 죄를 담당하셨으니 이는 우리로 죄에 대하여 죽고 의에 대하여 살게 하려 하심이라 저가 채찍에 맞음으로 너희는 나음을 얻었나니

Parallel Translation

친히 나무에 달려 on the tree 그 몸으로 in his own body

우리 죄를 담당하셨으니 Who his own self bare our sins

이는 우리로 that we 죄에 대하여 죽고 being dead to sins

의에 대하여 살게 하려 하심이라 should live unto

righteousness 저가 채찍에 맞음으로 by whose stripes 너

희는 나음을 얻었나니 ye were healed

✝

Who his own self bare our sins in his own body on the tree, that we being dead to sins should live unto righteousness: by whose stripes ye were healed.

친히 나무에 달려 그 몸으로
우리 죄를 담당하셨으니 이는
우리로 죄에 대하여 죽고 의
에 대하여 살게 하려 하심이
라 저가 채찍에 맞음으로 너
희는 나음을 얻었나니

Psalms 146:8

The LORD openeth the eyes of the blind: the LORD raiseth them that are bowed down: the LORD loveth the righteous:

시편 146:8

여호와께서 소경의 눈을 여시며 여호와께서 비굴한 자를 일으키시며 여호와께서 의인을 사랑하시며

Parallel Translation

여호와께서 소경의 눈을 여시며 The LORD openeth the

eyes of the blind 여호와께서 비굴한 자를 일으키시며 the

LORD raiseth them that are bowed down 여호와께서 의

인을 사랑하시며 the LORD loveth the righteous

✝

The LORD openeth the eyes of the blind: the LORD raiseth them that are bowed down: the LORD loveth the righteous

여호와께서 소경의 눈을
여시며 여호와께서 비굴
한 자를 일으키시며 여
호와께서 의인을 사랑하
시며

2 Kings 20:5

Turn again, and tell Hezekiah the captain of my people, Thus saith the LORD, the God of David thy father, I have heard thy prayer, I have seen thy tears: behold, I will heal thee: on the third day thou shalt go up unto the house of the LORD.

열왕기하 20:5

너는 돌아가서 내 백성의 주권자 히스기야에게 이르기를 왕의 조상 다윗의 하나님 여호와의 말씀이 내가 네 기도를 들었고 네 눈물을 보았노라 내가 너를 낫게 하리니 네가 삼일만에 여호와의 전에 올라가겠고

Parallel Translation

너는 돌아가서 Turn again 내 백성의 주권자 the captain of my people 히스기야에게 이르기를 and tell Hezekiah 왕의 조상 다윗의 하나님 여호와의 말씀이 Thus saith the LORD, the God of David thy father 내가 네 기도를 들었고, I have heard thy prayer 네 눈물을 보았노라 I have seen thy tears 내가 너를 낫게 하리니 I will heal thee 네가 삼일만에 on the third day 여호와의 전에 올라가겠고 day thou shalt go up unto the house of the LORD.

✝

Turn again, and tell Hezekiah
the captain of my people, Thus
saith the LORD, the God
of David thy father, I have
heard thy prayer, I have seen
thy tears: behold, I will heal thee:
on the third day thou shalt go up
unto the house of the LORD.

너는 돌아가서 내 백성의
주권자 히스기야에게 이르
기를 왕의 조상 다윗의 하
나님 여호와의 말씀이 내가
네 기도를 들었고 네 눈물
을 보았노라 내가 너를 낫
게 하리니 네가 삼일만에
여호와의 전에 올라가겠고

Healing 4

James 5:16

Confess your faults one to another, and pray one for another, that ye may be healed. The effectual fervent prayer of a righteous man availeth much.

야고보서 5:16

이러므로 너희 죄를 서로 고하며 병 낫기를 위하여 서로 기도하라 의인의 간구는 역사하는 힘이 많으니 라

Parallel Translation

이러므로 너희 죄를 서로 고하며 Confess your faults one to

another 병 낫기를 위하여 that ye may be healed 서로 기도

하라 and pray one for another 의인의 간구는 The effectual

fervent prayer of a righteous man 역사하는 힘이 많으니라

availeth much

✝

Confess your faults one to another and pray one for another that ye may be healed. The effectual fervent prayer of a righteous man availeth much.

이러므로 너희 죄를 서로 고하며 병 낫기를 위하여 서로 기도하라 의인의 간구 는 역사하는 힘이 많으니라

Healing 5

Jeremiah 17:14

Heal me, O LORD, and I shall be healed; save me, and I shall be saved: for thou art my praise.

예레미야 17:14

여호와여 주는 나의 찬송이시오니 나를 고치소서 그리하시면 내가 낫겠나이다 나를 구원하소서 그리하시면 내가 구원을 얻으리이다

Parallel Translation

여호와여 O LORD 주는 나의 찬송이시오니 for thou art my

praise. 나를 고치소서 Heal me 그리하시면 내가 낫겠나이

다 and I shall be healed 나를 구원하소서 save me 그리하시

면 내가 구원을 얻으리이다 and I shall be saved

✝

Heal me, O LORD, and I shall be healed; save me and I shall be saved: for thou art my praise.

여호와여 주는 나의 찬송이
시오니 나를 고치소서 그리
하시면 내가 낫겠나이다 나
를 구원하소서 그리하시면
내가 구원을 얻으리이다

Bible Verses About Courage
용기의 성경 말씀

Courage 1

2 Samuel 10:12

Be of good courage, and let us play the men for our people,
and for the cities of our God: and the LORD do that which
seemeth him good.

사무엘하 10:12

너는 담대하라 우리가 우리 백성과 우리 하나님의
성읍들을 위하여 담대히 하자 여호와께서 선히 여기
시는대로 행하시기를 원하노라 하고

Parallel Translation

너는 담대하라 Be of good courage 우리가 우리 백성과 for

our people 우리 하나님의 성읍들을 위하여 and for the

cities of our God 담대히 하자 and let us play the men 여호

와께서 선히 여기시는대로 that which seemeth him good 행

하시기를 원하노라 하고 and the LORD do

✝

Be of good courage, and let us play the men for our people, and for the cities of our God: and the LORD do that which seemeth him good.

너는 담대하라 우리가 우리
백성과 우리 하나님의 성읍
들을 위하여 담대히 하자
여호와께서 선히 여기시는
대로 행하시기를 원하노라
하고

Courage

Psalms 27:1

The LORD is my light and my salvation; whom shall I
fear? the LORD is the strength of my life; of whom shall
I be afraid?

시편 27:1

여호와는 나의 빛이요 나의 구원이시니 내가 누구를
두려워하리요 여호와는 내 생명의 능력이시니 내가
누구를 무서워하리요

Parallel Translation

여호와는 나의 빛이요 The LORD is my light 나의 구원이

시니 and my salvation 내가 누구를 두려워하리요 whom

shall I fear 여호와는 내 생명의 능력이시니 the LORD is

the strength of my life 내가 누구를 무서워하리요 of whom

shall I be afraid

✝

The LORD is my light
and my salvation: whom shall I
fear? the LORD is the
strength of my life: of whom shall
I be afraid?

여호와는 나의 빛이요 나의
구원이시니 내가 누구를 두려
워하리요 여호와는 내 생명의
능력이시니 내가 누구를 무서
워하리요

1 John 4:18

There is no fear in love; but perfect love casteth out fear: because fear hath torment. He that feareth is not made perfect in love.

요한일서 4:18

사랑 안에 두려움이 없고 온전한 사랑이 두려움을 내어 쫓나니 두려움에는 형벌이 있음이라 두려워하는 자는 사랑 안에서 온전히 이루지 못하였느니라

Parallel Translation

사랑 안에 두려움이 없고 There is no fear in love 온전한 사

랑이 두려움을 내어 쫓나니 but perfect love casteth out fear

두려움에는 형벌이 있음이라 because fear hath torment 두

려워하는 자는 He that feareth 사랑 안에서 온전히 이루지

못하였느니라 is not made perfect in love

✝

There is no fear in love: but perfect love casteth out fear: because fear hath torment. He that feareth is not made perfect in love.

사랑 안에 두려움이 없고 온
전한 사랑이 두려움을 내어
쫓나니 두려움에는 형벌이 있
음이라 두려워하는 자는 사랑
안에서 온전히 이루지 못하였
느니라

Courage

Psalms 56:3-4

3 What time I am afraid, I will trust in thee.

4 In God I will praise his word, in God I have put my trust;
I will not fear what flesh can do unto me.

시편 56:3-4

3 내가 두려워하는 날에는 내가 주를 의지하리이다

4 내가 하나님을 의지하고 그 말씀을 찬송하올지라
내가 하나님을 의지하였은즉 두려워 아니하리니 혈
육을 있는 사람이 내게 어찌하리이까

Parallel Translation

3 내가 두려워하는 날에는 What time I am afraid 내가 주

를 의지하리이다 I will trust in thee

4 내가 하나님을 의지하고 in God I have put my trust 그 말

씀을 찬송하올지라 In God I will praise his word 내가 하나

님을 의지하였은즉 두려워 아니하리니 I will not fear 혈육

을 있는 사람이 내게 어찌하리이까 what flesh can do unto

me

†

What time I am afraid, I will
trust in thee. In God I will
praise his word, in God I have
put my trust; I will not fear what
flesh can do unto me.

내가 두려워하는 날에는 내가
주를 의지하리이다. 내가 하나
님을 의지하고 그 말씀을 찬송
하올지라 내가 하나님을 의지하
였은즉 두려워 아니하리니 혈육
을 있는 사람이 내게 어찌하리
이까

Psalms 121:1-2

1 I will lift up mine eyes unto the hills, from whence cometh my help.

2 My help cometh from the LORD, which made heaven and earth.

시편 121:1-2

1 내가 산을 향하여 눈을 들리라 나의 도움이 어디서 올고

2 나의 도움은 천지를 지으신 여호와에게서로다

Parallel Translation

1 내가 산을 향하여 눈을 들리라 I will lift up mine eyes unto the hills 나의 도움이 어디서 올고 from whence cometh my help.

2 나의 도움은 My help 천지를 지으신 which made heaven and earth 여호와에게서로다 from the LORD

✝

I will lift up mine eyes unto the hills from whence cometh my help. My help cometh from the LORD, which made heaven and earth.

내가 산을 향하여 눈을 들
리라 나의 도움이 어디서
올고 나의 도움은 천지를
지으신 여호와에게서로다

Bible Verses About Hope

희망의 성경 말씀

Hope 1

Philippians 2:13

For it is God which worketh in you both to will and to do of his good pleasure.

빌립보서 2:13

너희 안에서 행하시는 이는 하나님이시니 자기의 기쁘신 뜻을 위하여 너희로 소원을 두고 행하게 하시나니

Parallel Translation

너희 안에서 행하시는 이는 which worketh in you 하나님이

시니 For it is God 자기의 기쁘신 뜻을 위하여 of his good

pleasure 너희로 소원을 두고 행하게 하시나니 both to will

and to do

✝

For it is God which worketh
in you both to will and to do of
his good pleasure.

너희 안에서 행하시는 이는
하나님이시니 자기의 기쁘
신 뜻을 위하여 너희로 소
원을 두고 행하게 하시나니

Hope

Romans 15:13

Now the God of hope fill you with all joy and peace in believing, that ye may abound in hope, through the power of the Holy Ghost.

로마서 15:13

소망의 하나님이 모든 기쁨과 평강을 믿음 안에서 너희에게 충만케 하사 성령의 능력으로 소망이 넘치게 하시기를 원하노라

Parallel Translation

소망의 하나님이 Now the God of hope 모든 기쁨과 평강

을 all joy and peace 믿음 안에서 in believing 너희에게

충만케 하사 fill you with 성령의 능력으로 through the

power of the Holy Ghost 소망이 넘치게 하시기를 원하노

라 that ye may abound in hope

✝

Now the God of hope fill you with all joy and peace in believing, that ye may abound in hope, through the power of the Holy Ghost.

소망의 하나님이 모든 기쁨
과 평강을 믿음 안에서 너
희에게 충만케 하사 성령의
능력으로 소망이 넘치게 하
시기를 원하노라

Hope 3

Deuteronomy 31:6

Be strong and of a good courage, fear not, nor be afraid of them: for the LORD thy God, he it is that doth go with thee; he will not fail thee, nor forsake thee.

신명기 31:6

너는 마음을 강하게 하고 담대히 하라 그들을 두려워 말라 그들 앞에서 떨지 말라 이는 네 하나님 여호와 그가 너와 함께 행하실 것임이라 반드시 너를 떠나지 아니하시며 버리지 아니하시리라 하고

Parallel Translation

너는 마음을 강하게 하고 Be strong 담대히 하라 of a

good courage 그들을 두려워 말라 fear not 그들 앞에서

떨지 말라 nor be afraid of them 이는 네 하나님 여호와

for the LORD thy God 그가 너와 함께 행하실 것임이라

he it is that doth go with thee 반드시 너를 떠나지 아니하

시며 he will not fail thee 버리지 아니하시리라 하고 nor

forsake thee.

✝

Be strong and of a good courage, fear not, nor be afraid of them: for the LORD thy God, he it is that doth go with thee; he will not fail thee, nor forsake thee.

너는 마음을 강하게 하고 담대히 하라 그들을 두려워 말라 그들 앞에서 떨지 말라 이는 네 하나님 여호와 그가 너와 함께 행하실 것임이라 반드시 너를 떠나지 아니하시며 버리지 아니하시리라 하고

64

Hope 4

Proverbs 3:5-6

5 Trust in the LORD with all thine heart; and lean not unto thine own understanding.

6 In all thy ways acknowledge him, and he shall direct thy paths.

잠언 3:5-6

5 너는 마음을 다하여 여호와를 의뢰하고 네 명철을 의지하지 말라

6 너는 범사에 그를 인정하라 그리하면 네 길을 지도하시리라

Parallel Translation

5 너는 마음을 다하여 with all thine heart 여호와를 의뢰하고 Trust in the LORD 네 명철을 의지하지 말라 and lean not unto thine own understanding.

6 너는 범사에 그를 인정하라 In all thy ways acknowledge him 그리하면 네 길을 지도하시리라 and he shall direct thy paths.

✝

Trust in the LORD with all thine heart: and lean not unto thine own understanding. In all thy ways acknowledge him, and he shall direct thy paths.

너는 마음을 다하여 여호와
를 의뢰하고 네 명철을 의
지하지 말라 너는 범사에
그를 인정하라 그리하면 네
길을 지도하시리라

Hope 5

Romans 8:24-25

24 For we are saved by hope: but hope that is seen is not hope: for what a man seeth, why doth he yet hope for?

25 But if we hope for that we see not, then do we with patience wait for it.

로마서 8:24-25

24 우리가 소망으로 구원을 얻었으매 보이는 소망이 소망이 아니니 보는 것을 누가 바라리요

25 만일 우리가 보지 못하는 것을 바라면 참음으로 기다릴지니라

Parallel Translation

24 우리가 소망으로 구원을 얻었으매 For we are saved by

hope 보이는 소망이 소망이 아니니 but hope that is seen

is not hope 보는 것을 for what a man seeth 누가 바라리

요 why doth he yet hope for?

25 만일 우리가 보지 못하는 것을 바라면 But if we hope

for that we see not 참음으로 기다릴지니라 then do we

with patience wait for it.

✝

For we are saved by hope: but hope that is seen is not hope: for what a man seeth, why doth he yet hope for? But if we hope for that we see not, then do we with patience wait for it.

우리가 소망으로 구원을 얻었으매 보이는 소망이 소망이 아니니 보는 것을 누가 바라리요. 만일 우리가 보지 못하는 것을 바라면 참음으로 기다릴지니라

70

Jeremiah 29:11

For I know the thoughts that I think toward you, saith the LORD, thoughts of peace, and not of evil, to give you an expected end.

예레미야 29:11

나 여호와가 말하노라 너희를 향한 나의 생각은 내가 아나니 재앙이 아니라 곧 평안이요 너희 장래에 소망을 주려하는 생각이라

Parallel Translation

나 여호와가 말하노라 saith the LORD 너희를 향한

toward you 나의 생각은 the thoughts that I think 내가 아

나니 For I know 재앙이 아니라, and not of evil 곧 평안

이요 thoughts of peace 너희 장래에 소망을 주려하는 생

각이라 to give you an expected end.

✝

For I know the thoughts that I think toward you, saith the LORD, thoughts of peace and not of evil, to give you an expected end.

나 여호와가 말하노라 너희
를 향한 나의 생각은 내가
아나니 재앙이 아니라 곧
평안이요 너희 장래에 소망
을 주려하는 생각이라

Romans 5:5

And hope maketh not ashamed; because the love of God is shed abroad in our hearts by the Holy Ghost which is given unto us.

로마서 5:5

소망이 부끄럽게 아니함은 우리에게 주신 성령으로 말미암아 하나님의 사랑이 우리 마음에 부은바 됨이 니

Parallel Translation

소망이 부끄럽게 아니함은 And hope maketh not ashamed 우리에게 주신 which is given unto us 성령으로 말미암아 by the Holy Ghost 하나님의 사랑이 because the love of God 우리 마음에 부은바 됨이니 is shed abroad in our hearts

✝

And hope maketh not ashamed: because the love of God is shed abroad in our hearts by the Holy Ghost which is given unto us.

소망이 부끄럽게 아니함은
우리에게 주신 성령으로 말
미암아 하나님의 사랑이 우
리 마음에 부은바 됨이니

Hope

Revelation 21:4

And God shall wipe away all tears from their eyes; and
there shall be no more death, neither sorrow, nor crying,
neither shall there be any more pain: for the former things
are passed away.

요한계시록 21:4

모든 눈물을 그 눈에서 씻기시매 다시 사망이 없고
애통하는 것이나 곡하는 것이나 아픈 것이 다시 있
지 아니하리니 처음 것들이 다 지나갔음이러라

Parallel Translation

모든 눈물을 all tears 그 눈에서 from their eyes 씻기시매

And God shall wipe away 다시 사망이 없고 and there

shall be no more death 애통하는 것이나 neither sorrow

곡하는 것이나 nor crying 아픈 것이 다시 있지 아니하리

니 neither shall there be any more pain 처음 것들이 다

지나갔음이러라 for the former things are passed away.

†

And God shall wipe away all tears from their eyes: and there shall be no more death, neither sorrow, nor crying, neither shall there be any more pain: for the former things are passed away.

모든 눈물을 그 눈에서 씻기시매 다시 사망이 없고 애통하는 것이나 곡하는 것이나 아픈 것이 다시 있지 아니하리니 처음 것들이 다 지나갔음이러라

Bible Verses About Life

삶의 성경 말씀

Life 1

Psalms 16:5

The LORD is the portion of mine inheritance and of my cup: thou maintainest my lot.

시편 16:5

여호와는 나의 산업과 나의 잔의 소득이시니 나의 분깃을 지키시나이다

Parallel Translation

여호와는 나의 산업과 The LORD is the portion of mine

inheritance 나의 잔의 소득이시니 and of my cup 나의

분깃을 지키시나이다　thou maintainest my lot

✝

The LORD is the
portion of mine inheritance
and of my cup: thou
maintainest my lot.

여호와는 나의 산업과
나의 잔의 소득이시니
나의 분깃을 지키시나이
다

* Psalms 32:8 *

I will instruct thee and teach thee in the way which thou shalt go: I will guide thee with mine eye.

* 시편 32:8 *

내가 네 갈 길을 가르쳐 보이고 너를 주목하여 훈계 하리로다

Parallel Translation

내가 네 갈 길을 in the way which thou shalt go 가르쳐 보

이고 I will instruct thee and teach thee 너를 주목하여 훈계

하리로다 I will guide thee with mine eye.

✝

I will instruct thee and teach thee in the way which thou shalt go: I will guide thee with mine eye.

내가 네 갈 길을 가르쳐 보이고 너를 주목하여 훈계하리로다

Life 3

Romans 8:28

And we know that all things work together for good to them that love God, to them who are the called according to his purpose.

로마서 8:28

우리가 알거니와 하나님을 사랑하는 자 곧 그 뜻대로 부르심을 입은 자들에게는 모든 것이 합력하여 선을 이루느니라

Parallel Translation

우리가 알거니와 And we know that 하나님을 사랑하는 자 to them that love God 곧 그 뜻대로 부르심을 입은 자들에게는 to them who are the called according to his purpose 모든 것이 합력하여 선을 이루느니라 all things work together for good

✝

And we know that all things work together for good to them that love God, to them who are the called according to his purpose.

우리가 알거니와 하나님을 사
랑하는 자 곧 그 뜻대로 부르
심을 입은 자들에게는 모든
것이 합력하여 선을 이루느니
라

He that followeth after righteousness and mercy findeth life, righteousness, and honour.

* 잠언 21:21 *

의와 인자를 따라 구하는 자는 생명과 의와 영광을 얻느니라

Parallel Translation

의와 인자를 따라 righteousness and mercy 구하는 자는

He that followeth after 생명과 의와 영광을 얻느니라

findeth life, righteousness, and honour

✝

He that followeth after
righteousness and mercy
findeth life, righteousness and
honour.

의와 인자를 따라 구하는
자는 생명과 의와 영광을
얻느니라

Life 5

Colossians 3:23-24

23 And whatsoever ye do, do it heartily, as to the Lord, and not unto men;

24 Knowing that of the Lord ye shall receive the reward of the inheritance: for ye serve the Lord Christ.

골로세서 3:23-24

23 무슨 일을 하든지 마음을 다하여 주께 하듯하고 사람에게 하듯하지 말라

24 이는 유업의 상을 주께 받을줄 앎이니 너희는 주 그리스도를 섬기느니라

Parallel Translation

23 무슨 일을 하든지 And whatsoever ye do 마음을 다하

여 do it heartily 주께 하듯하고 as to the Lord 사람에게

하듯하지 말라 and not unto men

24 이는 유업의 상을 receive the reward of the

inheritance 주께 받을줄 앎이니 Knowing that of the

Lord ye shall receive 너희는 주 그리스도를 섬기느니라

for ye serve the Lord Christ.

✝

And whatsoever ye do, do it heartily,
as to the Lord, and not unto men:
Knowing that of the Lord ye shall
receive the reward of the inheritance:
for ye serve the Lord Christ.

무슨 일을 하든지 마음을
다하여 주께 하듯하고 사람
에게 하듯하지 말라 이는
유업의 상을 주께 받을줄
앎이니 너희는 주 그리스도
를 섬기느니라

Ecclesiastes 4:6

Better is an handful with quietness, than both the hands full with travail and vexation of spirit.

전도서 4:6

한 손에만 가득하고 평온함이 두 손에 가득하고 수고하며 바람을 잡으려는 것보다 나으니라

한 손에만 가득하고 an handful 평온함이 with quietness 두

손에 가득하고 than both the hands full 수고하며 with travail

바람을 잡으려는 것보다 and vexation of spirit 나으니라

Better is

✝

Better is an handful with quietness than both the hands full with travail and vexation of spirit.

한 손에만 가득하고 평온함
이 두 손에 가득하고 수고
하며 바람을 잡으려는 것보
다 나으니라

Bible Verses About Love

사랑의 성경 말씀

Love 1

* Romans 13:8 *

Owe no man any thing, but to love one another: for he that loveth another hath fulfilled the law.

* 로마서 13:8 *

피차 사랑의 빚 외에는 아무에게든지 아무 빚도 지 지 말라 남을 사랑하는 자는 율법을 다 이루었느니 라

Parallel Translation

피차 사랑의 빚 외에는 but to love one another 아무에게든

지 아무 빚도 지지 말라 Owe no man any thing 남을 사랑

하는 자는 for he that loveth another 율법을 다 이루었느니

라 hath fulfilled the law

✝

Owe no man any thing, but to love one another: for he that loveth another hath fulfilled the law.

피차 사랑의 빚 외에는 아무에게든지 아무 빚도 지지 말라 남을 사랑하는 자는 율법을 다 이루었느니라

Love 2

John 13:34

A new commandment I give unto you, That ye love one another; as I have loved you, that ye also love one another.

요한복음 13:34

새 계명을 너희에게 주노니 서로 사랑하라 내가 너희를 사랑한것 같이 너희도 서로 사랑하라

Parallel Translation

새 계명을 A new commandment 너희에게 주노니 I give

unto you, 서로 사랑하라 That ye love one another 내가 너

희를 사랑한것 같이 as I have loved you 너희도 서로 사랑

하라 that ye also love one another.

✝

A new commandment I
give unto you, That ye love
one another: as I have loved
you that ye also love one
another.

새 계명을 너희에게 주노니
서로 사랑하라 내가 너희를
사랑한것 같이 너희도 서로
사랑하라

* 1 Corinthians 13:2 *

And though I have the gift of prophecy, and understand all mysteries, and all knowledge; and though I have all faith, so that I could remove mountains, and have not charity, I am nothing.

* 고린도전서 13:2 *

내가 예언하는 능이 있어 모든 비밀과 모든 지식을 알고 또 산을 옮길만한 모든 믿음이 있을찌라도 사랑이 없으면 내가 아무 것도 아니요

Parallel Translation

내가 예언하는 능이 있어 And though I have the gift of

prophecy 모든 비밀과 모든 지식을 알고 and understand all

mysteries, and all knowledge 또 산을 옮길만한 so that I

could remove mountains 모든 믿음이 있을지라도 and

though I have all faith 사랑이 없으면 and have not charity 내

가 아무 것도 아니요 I am nothing

✝

And though I have the gift of prophecy, and understand all mysteries and all knowledge; and though I have all faith, so that I could remove mountains and have not charity, I am nothing.

내가 예언하는 능이 있어 모
든 비밀과 모든 지식을 알고
또 산을 옮길만한 모든 믿음
이 있을찌라도 사랑이 없으면
내가 아무 것도 아니요

Love

Ephesians 4:2-3

2 With all lowliness and meekness, with longsuffering, forbearing one another in love;

3 Endeavouring to keep the unity of the Spirit in the bond of peace.

에베소서 4:2-3

2 모든 겸손과 온유로 하고 오래 참음으로 사랑 가운데서 서로 용납하고

3 평안의 매는 줄로 성령의 하나 되게 하신 것을 힘써 지키라

Parallel Translation

2 모든 겸손과 온유로 하고 With all lowliness and

meekness 오래 참음으로 with longsuffering 사랑 가운데서

in love 서로 용납하고 forbearing one another

3 평안의 매는 줄로 Spirit in the bond of peace 성령의 하나

되게 하신 것을 the unity of the Spirit 힘써 지키라

Endeavouring to keep

✝

With all lowliness and meekness
with longsuffering, forbearing one
another in love; Endeavouring to
keep the unity of the Spirit in the
bond of peace.

모든 겸손과 온유로 하고
오래 참음으로 사랑 가운데
서 서로 용납하고 평안의
매는 줄로 성령의 하나 되
게 하신 것을 힘써 지키라

Loves

* 1 Corinthians 13:4-7 *

4 Charity suffereth long, and is kind; charity envieth not; charity vaunteth not itself, is not puffed up,

5 Doth not behave itself unseemly, seeketh not her own, is not easily provoked, thinketh no evil;

6 Rejoiceth not in iniquity, but rejoiceth in the truth;

7 Beareth all things, believeth all things, hopeth all things, endureth all things.

* 고전13:4-7 *

4 사랑은 오래 참고 사랑은 온유하며 투기하는 자가 되지 아니하며 사랑은 자랑하지 아니하며 교만하지 아니하며

5 무례히 행치 아니하며 자기의 유익을 구치 아니하며 성내지 아니하며 악한 것을 생각지 아니하며

6 불의를 기뻐하지 아니하며 진리와 함께 기뻐하고

7 모든 것을 참으며 모든 것을 믿으며 모든 것을 바라며 모든 것을 견디느니라

4 사랑은 오래 참고 Charity suffereth long 사랑은 온유하며 and is kind 투기하는 자가 되지 아니하며 charity envieth not 사랑은 자랑하지 아니하며 charity vaunteth not itself 교만하지 아니하며 is not puffed up

5 무례히 행치 아니하며 Doth not behave itself unseemly 자기의 유익을 구치 아니하며 seeketh not her own 성내지 아니하며 is not easily provoked 악한 것을 생각지 아니하며 thinketh no evil

6 불의를 기뻐하지 아니하며 Rejoiceth not in iniquity 진리와 함께 기뻐하고 but rejoiceth in the truth

7 모든 것을 참으며 Beareth all things 모든 것을 믿으며, believeth all things 모든 것을 바라며 hopeth all things 모든 것을 견디느니라 endureth all things

†

4 Charity suffereth long, and is kind;
charity envieth not; charity vaunteth
not itself, is not puffed up,

5 Doth not behave itself unseemly,
seeketh not her own, is not easily
provoked, thinketh no evil;

6 Rejoiceth not in iniquity, but
rejoiceth in the truth;

7 Beareth all things, believeth all
things, hopeth all things, endureth all
things

4 사랑은 오래 참고 사랑은 온유하며 투기하는 자가 되지 아니하며 사랑은 자랑하지 아니하며 교만하지 아니하며

5 무례히 행치 아니하며 자기의 유익을 구치 아니하며 성내지 아니하며 악한 것을 생각지 아니하며

6 불의를 기뻐하지 아니하며 진리와 함께 기뻐하고

7 모든 것을 참으며 모든 것을 믿으며 모든 것을 바라며 모든 것을 견디느니라

Bible Verses About Forgiveness
용서의 성경 말씀

Romans 12:17

Recompense to no man evil for evil. Provide things honest in the sight of all men.

로마서 12:17

아무에게도 악으로 악을 갚지 말고 모든 사람 앞에 서 선한 일을 도모하라

Parallel Translation

아무에게도 악으로 악을 갚지 말고 Recompense to no man

evil for evil 모든 사람 앞에서 in the sight of all men 선한

일을 도모하라 Provide things honest.

†

Recompense to no man evil for evil. Provide things honest in the sight of all men.

아무에게도 악으로 악을 갚
지 말고 모든 사람 앞에서
선한 일을 도모하라

Forgiveness 2

Luke 17:3

Take heed to yourselves: If thy brother trespass against thee, rebuke him; and if he repent, forgive him.

누가복음 17:3

너희는 스스로 조심하라 만일 네 형제가 죄를 범하거든 경계하고 회개하거든 용서하라

너희는 스스로 조심하라 Take heed to yourselves 만일 네

형제가 죄를 범하거든 If thy brother trespass against thee 경

계하고 rebuke him 회개하거든 and if he repent 용서하라

forgive him

✝

Take heed to yourselves: If thy brother trespass against thee, rebuke him; and if he repent, forgive him.

너희는 스스로 조심하라 만
일 네 형제가 죄를 범하거
든 경계하고 회개하거든 용
서하라

Ephesians 4:32

And be ye kind one to another, tenderhearted, forgiving one another, even as God for Christ's sake hath forgiven you.

에베소서 4:32

서로 인자하게 하며 불쌍히 여기며 서로 용서하기를 하나님이 그리스도 안에서 너희를 용서하심과 같이 하라

Parallel Translation

서로 인자하게 하며 And be ye kind one to another 불쌍히

여기며 tenderhearted 서로 용서하기를 forgiving one

another 하나님이 그리스도 안에서 even as God for Christ's

sake 너희를 용서하심과 같이 하라 hath forgiven you.

✝

And be ye kind one to another,
tenderhearted, forgiving one
another, even as God for
Christ's sake hath forgiven
you.

서로 인자하게 하며 불쌍히
여기며 서로 용서하기를 하
나님이 그리스도 안에서 너
희를 용서하심과 같이 하라

Luke 6:37

Judge not, and ye shall not be judged: condemn not, and ye shall not be condemned: forgive, and ye shall be forgiven:

누가복음 6:37

비판치 말라 그리하면 너희가 비판을 받지 않을 것이요 정죄하지 말라 그리하면 너희가 정죄를 받지 않을 것이요 용서하라 그리하면 너희가 용서를 받을 것이요

Parallel Translation

비판치 말라 Judge not 그리하면 너희가 비판을 받지 않을

것이요 and ye shall not be judged 정죄하지 말라 condemn

not 그리하면 너희가 정죄를 받지 않을 것이요 and ye

shall not be condemned 용서하라 forgive 그리하면 너희가

용서를 받을 것이요 and ye shall be forgiven:

✝

Judge not and ye shall not be judged: condemn not, and ye shall not be condemned: forgive, and ye shall be forgiven:

비판치 말라 그리하면 너희가 비판을 받지 않을 것이요 정죄하지 말라 그리하면 너희가 정죄를 받지 않을 것이요 용서하라 그리하면 너희가 용서를 받을 것이요

Colossians 3:13

Forbearing one another, and forgiving one another, if any man have a quarrel against any: even as Christ forgave you, so also do ye.

골로세서 3:13

누가 뉘게 혐의가 있거든 서로 용납하여 피차 용서하되 주께서 너희를 용서하신 것과 같이 너희도 그리하고

Parallel Translation

누가 뉘게 혐의가 있거든 if any man have a quarrel against

any 서로 용납하여 Forbearing one another 피차 용서하되

and forgiving one another 주께서 너희를 용서하신 것과 같

이 even as Christ forgave you 너희도 그리하고, so also do ye

✝

Forbearing one another, and forgiving one another, if any man have a quarrel against any: even as Christ forgave you, so also do ye.

누가 뉘게 혐의가 있거든
서로 용납하여 피차 용서하
되 주께서 너희를 용서하신
것과 같이 너희도 그리하고

Bible Verses About Redemption
구원의 성경 말씀

John 3:16

For God so loved the world, that he gave his only begotten Son, that whosoever believeth in him should not perish, but have everlasting life.

요한복음 3:16

하나님이 세상을 이처럼 사랑하사 독생자를 주셨으니 이는 그를 믿는 자마다 멸망하지 않고 영생을 얻게 하려 하심이라

Parallel Translation

하나님이 세상을 이처럼 사랑하사 For God so loved the

world 독생자를 주셨으니 that he gave his only begotten Son

이는 그를 믿는 자마다 that whosoever believeth in him 멸

망하지 않고 should not perish 영생을 얻게 하려 하심이라

but have everlasting life

✝

For God so loved the world
that he gave his only begotten
Son, that whosoever believeth in
him should not perish, but have
everlasting life.

하나님이 세상을 이처럼 사
랑하사 독생자를 주셨으니
이는 그를 믿는 자마다 멸
망하지 않고 영생을 얻게
하려 하심이라

Ephesians 2:8

For by grace are ye saved through faith; and that not of yourselves: it is the gift of God:

에베소서 2:8

너희가 그 은혜를 인하여 믿음으로 말미암아 구원을 얻었나니 이것이 너희에게서 난 것이 아니요 하나님의 선물이라

Parallel Translation

너희가 그 은혜를 인하여 For by grace 믿음으로 말미암아

구원을 얻었나니 ye saved through faith 이것이 너희에게서

난 것이 아니요 and that not of yourselves 하나님의 선물이

라 it is the gift of God

✝

For by grace are ye saved through faith: and that not of yourselves: it is the gift of God:

너희가 그 은혜를 인하여
믿음으로 말미암아 구원을
얻었나니 이것이 너희에게
서 난 것이 아니요 하나님
의 선물이라

* Ephesians 1:7 *

In whom we have redemption through his blood, the forgiveness of sins, according to the riches of his grace;

*에베소서 1:7 *

우리가 그리스도 안에서 그의 은혜의 풍성함을 따라 그의 피로 말미암아 구속 곧 죄 사함을 받았으니

Parallel Translation

우리가 그리스도 안에서 In whom 그의 은혜의 풍성

함을 따라 according to the riches of his grace 그의 피

로 말미암아 through his blood 구속 the forgiveness of

sins 곧 죄 사함을 받았으니 we have redemption

✝

In whom we have redemption through his blood the forgiveness of sins according to the riches of his grace:

우리가 그리스도 안에서 그
의 은혜의 풍성함을 따라
그의 피로 말미암아 구속
곧 죄 사함을 받았으니

Matthew 7:13-14

13 Enter ye in at the strait gate: for wide is the gate, and broad is the way, that leadeth to destruction, and many there be which go in thereat:

14 Because strait is the gate, and narrow is the way, which leadeth unto life, and few there be that find it.

마태복음 7:13-14

13 좁은 문으로 들어가라 멸망으로 인도하는 문은 크고 그 길이 넓어 그리로 들어가는 자가 많고

14 생명으로 인도하는 문은 좁고 길이 협착하여 찾는 이가 적음이니라

13 좁은 문으로 들어가라 Enter ye in at the strait gate

멸망으로 인도하는 문은 that leadeth to destruction 크

고 그 길이 넓어 for wide is the gate, and broad is the

way 그리로 들어가는 자가 많고 nd many there be

which go in thereat

14 생명으로 인도하는 문은 which leadeth unto life 좁

고 길이 협착하여 Because strait is the gate, and narrow

is the way 찾는 이가 적음이니라 and few there be that

find it

✝

Enter ye in at the strait gate: for wide is the gate, and broad is the way, that leadeth to destruction, and many there be which go in thereat: Because strait is the gate, and narrow is the way, which leadeth unto life, and few there be that find it.

좁은 문으로 들어가라 멸망으로 인도하는 문은 크고 그 길이 넓어 그리로 들어가는 자가 많고 생명으로 인도하는 문은 좁고 길이 협착하여 찾는 이가 적음이니라

John 14:6

Jesus saith unto him, I am the way, the truth, and the life: no man cometh unto the Father, but by me.

요한복음 14: 6

예수께서 가라사대 내가 곧 길이요 진리요 생명이니 나로 말미암지 않고는 아버지께로 올 자가 없느니라

예수께서 가라사대 Jesus saith unto him 내가 곧 길이

요 I am the way 진리요 the truth 생명이니 and the life

나로 말미암지 않고는 아버지께로 올 자가 없느니라

no man cometh unto the Father, but by me

✝

Jesus saith unto him, I am
the way, the truth, and the life:
no man cometh unto the
Father, but by me.

예수께서 가라사대 내가
곧 길이요 진리요 생명
이니 나로 말미암지 않
고는 아버지께로 올 자
가 없느니라

Romans 6:23

For the wages of sin is death; but the gift of God is eternal life through Jesus Christ our Lord.

로마서 6:23

죄의 삯은 사망이요 하나님의 은사는 그리스도 예수 우리 주 안에 있는 영생이니라

Parallel Translation

죄의 삯은 사망이요 For the wages of sin is death 하나

님의 은사는 but the gift of God 그리스도 예수 우리

주 안에 있는 through Jesus Christ our Lord 영생이니

라 is eternal life

✝

For the wages of sin is death;
but the gift of God is eternal
life through Jesus Christ our
Lord.

죄의 삯은 사망이요 하
나님의 은사는 그리스도
예수 우리 주 안에 있는
영생이니라

Bible Verses About Faith

믿음의 성경 말씀

Faith

Psalms 16:8

I have set the LORD always before me: because he is at my right hand, I shall not be moved.

시편 16:8

내가 여호와를 항상 내 앞에 모심이여 그가 내 우편
에 계시므로 내가 요동치 아니하리로다

Parallel Translation

내가 여호와를 항상 내 앞에 모심이여 I have set the LORD always before me 그가 내 우편에 계시므로 because he is at my right hand 내가 요동치 아니하리로다 I shall not be moved

✝

I have set the LORD always before me: because he is at my right hand, I shall not be moved.

내가 여호와를 항상 내
앞에 모심이여 그가 내
우편에 계시므로 내가
요동치 아니하리로다

Faith

Psalms 23:1-6

1 The LORD is my shepherd; I shall not want.

2 He maketh me to lie down in green pastures: he leadeth me beside the still waters.

3 He restoreth my soul: he leadeth me in the paths of righteousness for his name's sake.

4 Yea, though I walk through the valley of the shadow of death, I will fear no evil: for thou art with me; thy rod and thy staff they comfort me.

5 Thou preparest a table before me in the presence of mine enemies: thou anointest my head with oil; my cup runneth over.

6 Surely goodness and mercy shall follow me all the days of my life: and I will dwell in the house of the LORD for ever.

시편 23:1-6

1 여호와는 나의 목자시니 내가 부족함이 없으리로다

2 그가 나를 푸른 초장에 누이시며 쉴만한 물 가으로 인도하시는도다

3 내 영혼을 소생시키시고 자기 이름을 위하여 의의 길로 인도하시는도다

4 내가 사망의 음침한 골짜기로 다닐찌라도 해를 두려워하지 않을 것은 주께서 나와 함께 하심이라 주의 지팡이와 막대기가 나를 안위하시나이다

5 주께서 내 원수의 목전에서 내게 상을 베푸시고 기름으로 내 머리에 바르셨으니 내 잔이 넘치나이다

6 나의 평생에 선하심과 인자하심이 정녕 나를 따르리니 내가 여호와의 집에 영원히 거하리로다

Parallel Translation

1 여호와는 나의 목자시니 The LORD is my shepherd
내가 부족함이 없으리로다 I shall not want

2 그가 나를 푸른 초장에 누이시며 He maketh me to
lie down in green pastures 쉴만한 물 가으로 인도하시
는도다 he leadeth me beside the still waters.

3 내 영혼을 소생시키시고 He restoreth my soul 자기
이름을 위하여 for his name's sake

의의 길로 인도하시는도다 he leadeth me in the paths of
righteousness

4 내가 사망의 음침한 골짜기로 다닐지라도 Yea,
though I walk through the valley of the shadow of death
해를 두려워하지 않을 것은 I will fear no evil 주께서

157

나와 함께 하심이라 for thou art with me 주의 지팡이와 막대기가 나를 안위하시나이다 thy rod and thy staff they comfort me.

5 주께서 내 원수의 목전에서 in the presence of mine enemies 내게 상을 베푸시고 Thou preparest a table before me 기름으로 내 머리에 바르셨으니 thou anointest my head with oil 내 잔이 넘치나이다 my cup runneth over.

6 나의 평생에 all the days of my life 선하심과 인자하심이 정녕 나를 따르리니 Surely goodness and mercy shall follow me 내가 여호와의 집에 영원히 거하리로다 and I will dwell in the house of the LORD for ever.

✝

1 The LORD is my shepherd:
I shall not want.

2 He maketh me to lie down in
green pastures: he leadeth me beside
the still waters.

3 He restoreth my soul: he leadeth
me in the paths of righteousness for his
name's sake.

4 Yea, though I walk through the

valley of the shadow of death, I will fear no evil: for thou art with me; thy rod and thy staff they comfort me.

5 Thou preparest a table before me in the presence of mine enemies: thou anointest my head with oil; my cup runneth over.

6 Surely goodness and mercy shall follow me all the days of my life: and I will dwell in the house of the LORD for ever.

1 여호와는 나의 목자시니
내가 부족함이 없으리로다

2 그가 나를 푸른 초장에
누이시며 쉴만한 물 가으로
인도하시는도다

3 내 영혼을 소생시키시고
자기 이름을 위하여 의의
길로 인도하시는도다

4 내가 사망의 음침한 골
짜기로 다닐찌라도 해를 두
려워하지 않을 것은 주께서
나와 함께 하심이라 주의

지팡이와 막대기가 나를 안
위하시나이다

5 주께서 내 원수의 목전
에서 내게 상을 베푸시고
기름으로 내 머리에 바르셨
으니 내 잔이 넘치나이다

6 나의 평생에 선하심과
인자하심이 정녕 나를 따르
리니 내가 여호와의 집에
영원히 거하리로다

Faith

Isaiah 41:10

Fear thou not; for I am with thee: be not dismayed; for I am thy God: I will strengthen thee; yea, I will help thee; yea, I will uphold thee with the right hand of my righteousness.

이사야 41:10

두려워 말라 내가 너와 함께 함이니라 놀라지 말라 나는 네 하나님이 됨이니라 내가 너를 굳세게 하리라 참으로 너를 도와 주리라 참으로 나의 의로운 오른손으로 너를 붙들리라

Parallel Translation

두려워 말라 Fear thou not 너와 함께 함이니라 for I am with thee 놀라지 말라 be not dismayed 나는 네 하나님이 됨이니라 for I am thy God 내가 너를 굳세게 하리라 I will strengthen thee 참으로 너를 도와 주리라 yea, I will help thee 참으로 나의 의로운 오른손으로 너를 붙들리라 yea, I will uphold thee with the right hand of my righteousness.

✝

Fear thou not; for I am with thee:
be not dismayed; for I am thy God:
I will strengthen thee; yea, I will
help thee; yea, I will uphold thee
with the right hand of my
righteousness.

두려워 말라 내가 너와 함께 함
이니라 놀라지 말라 나는 네 하
나님이 됨이니라 내가 너를 굳
세게 하리라 참으로 너를 도와
주리라 참으로 나의 의로운 오
른손으로 너를 붙들리라

Faith

Mark 11:24

Therefore I say unto you, What things soever ye desire, when ye pray, believe that ye receive them, and ye shall have them.

마가복음 11:24

그러므로 내가 너희에게 말하노니 무엇이든지 기도하고 구하는 것은 받은 줄로 믿으라 그리하면 너희에게 그대로 되리라

그러므로 내가 너희에게 말하노니 Therefore I say unto you

무엇이든지 기도하고 when ye pray 구하는 것은 What

things soever ye desire 받은 줄로 믿으라 believe that ye

receive them 그리하면 너희에게 그대로 되리라 and ye

shall have them

✝

Therefore I say unto you What things soever ye desire when ye pray, believe that ye receive them and ye shall have them.

그러므로 내가 너희에게 말
하노니 무엇이든지 기도하
고 구하는 것은 받은 줄로
믿으라 그리하면 너희에게
그대로 되리라.

Faith

Hebrews 11:1

Now faith is the substance of things hoped for, the evidence of things not seen.

히브리서 11:1

믿음은 바라는 것들의 실상이요 보지 못하는 것들의 증거니

Parallel Translation

믿음은 Now faith is 바라는 것들의 실상이요 the substance

of things hoped for 보지 못하는 것들의 things not seen of

증거니 the evidence

✝

Now faith is the substance of things hoped for, the evidence of things not seen.

믿음은 바라는 것들의
실상이요 보지 못하는
것들의 증거니

Faith 6

James 1:6

But let him ask in faith, nothing wavering. For he that
wavereth is like a wave of the sea driven with the wind
and tossed.

야고보서 1:6

오직 믿음으로 구하고 조금도 의심하지 말라 의심하
는 자는 마치 바람에 밀려 요동하는 바다 물결 같으
니

Parallel Translation

오직 믿음으로 구하고 But let him ask in faith 조금도 의심

하지 말라 nothing wavering 의심하는 자는 For he that

wavereth is 마치 like 바람에 밀려 driven with the wind and

tossed 요동하는 바다 물결 같으니 a wave of the sea

✝

But let him ask in faith,
nothing wavering. For he
that wavereth is like a wave of
the sea driven with the wind
and tossed.

오직 믿음으로 구하고 조금
도 의심하지 말라 의심하는
자는 마치 바람에 밀려 요
동하는 바다 물결 같으니.

1 John 4:6

We are of God: he that knoweth God heareth us; he that is not of God heareth not us. Hereby know we the spirit of truth, and the spirit of error.

요한일서 4:6

우리는 하나님께 속하였으니 하나님을 아는 자는 우리의 말을 듣고 하나님께 속하지 아니한 자는 우리의 말을 듣지 아니하나니 진리의 영과 미혹의 영을 이로써 아느니라

Parallel Translation

우리는 하나님께 속하였으니 We are of God 하나님을 아는

자는 he that knoweth God 우리의 말을 듣고hearerh us 하나

님께 속하지 아니한 자는 he that is not of God 우리의 말을

듣지 아니하나니 heareth not us 진리의 영과 the spirit of

truth 미혹의 영을 and the spirit of error 이로써 아느니라

Hereby know we

176

✝

We are of God: he that
knoweth God heareth us; he that
is not of God heareth not us.
Hereby know we the spirit of
truth, and the spirit of error.

우리는 하나님께 속하였으니
하나님을 아는 자는 우리의
말을 듣고 하나님께 속하지
아니한 자는 우리의 말을 듣
지 아니하나니 진리의 영과
미혹의 영을 이로써 아느니라

Faith

Mark 9:23

Jesus said unto him, If thou canst believe, all things are possible to him that believeth.

마가복음 9:23

예수께서 이르시되 할 수 있거든이 무슨 말이냐 믿는 자에게는 능치 못할 일이 없느니라 하시니

예수께서 이르시되 Jesus said unto him 할 수 있거든이 무

슨 말이냐 If thou canst believe 믿는 자에게는 to him that

believeth 능치 못할 일이 없느니라 하시니 all things are

possible.

✝

Jesus said unto him, If thou canst believe, all things are possible to him that believeth.

예수께서 이르시되 할 수 있거든이 무슨 말이냐 믿는 자에게는 능치 못할 일이 없느니라 하시니

Faith

Hebrews 11:6

But without faith it is impossible to please him: for he that cometh to God must believe that he is, and that he is a rewarder of them that diligently seek him.

히브리서 11:6

믿음이 없이는 기쁘시게 못하나니 하나님께 나아가는 자는 반드시 그가 계신 것과 또한 그가 자기를 찾는 자들에게 상 주시는 이심을 믿어야 할지니라

믿음이 없이는 But without faith 기쁘시게 못하나니 it is

impossible to please him 하나님께 나아가는 자는 for he that

cometh to God 반드시 그가 계신 것과 God must believe

that he is 또한 and 그가 자기를 찾는 자들에게 that

diligently seek him 상 주시는 이심을 믿어야 할찌니라 that

he is a rewarder of them

✝

But without faith it is impossible to please him: for he that cometh to God must believe that he is and that he is a rewarder of them that diligently seek him.

믿음이 없이는 기쁘시게 못하나니 하나님께 나아가는 자는 반드시 그가 계신 것과 또한 그가 자기를 찾는 자들에게 상 주시는 이심을 믿어야 할지니라

1 John 5:4

For whatsoever is born of God overcometh the world: and this is the victory that overcometh the world, even our faith.

요한일서 5:4

대저 하나님께로서 난 자마다 세상을 이기느니라 세상을 이긴 이김은 이것이니 우리의 믿음이니라

Parallel Translation

대저 하나님께로서 난 자마다 For whatsoever is born of

God 세상을 이기느니라 overcometh the world 세상을 이긴

이김은 이것이니 and this is the victory that overcometh the

world 우리의 믿음이니라 even our faith.

✝

For whatsoever is born of God overcometh the world: and this is the victory that overcometh the world even our faith.

대저 하나님께로서 난 자마다 세상을 이기느니라 세상을 이긴 이김은 이것이니 우리의 믿음이니라

Faith 11

James 1:2-3

2 My brethren, count it all joy when ye fall into divers temptations;

3 Knowing this, that the trying of your faith worketh patience.

야고보서 1:2-3

2 내 형제들아 너희가 여러가지 시험을 만나거든 온전히 기쁘게 여기라

3 이는 너희 믿음의 시련이 인내를 만들어 내는줄 너희가 앎이라

Parallel Translation

2 내 형제들아 My brethren 너희가 여러가지 시험을

만나거든 when ye fall into divers temptations 온전히

기쁘게 여기라 count it all joy

3 이는 너희 믿음의 시련이 that the trying of your faith

인내를 만들어 내는줄 worketh patience 너희가 앎이

라 Knowing this

✝

My brethren count it all joy when ye fall into divers temptations. Knowing this that the trying of your faith worketh patience.

내 형제들아 너희가 여러가
지 시험을 만나거든 온전히
기쁘게 여기라 이는 너희
믿음의 시련이 인내를 만들
어 내는줄 너희가 앎이라

Bible Verses
About Blessing
축복의 성경 말씀

Blessing 1

2 Thessalonians 3:16

Now the Lord of peace himself give you peace always by all means. The Lord be with you all.

데살로니가후서 3:16

평강의 주께서 친히 때마다 일마다 너희에게 평강을 주시기를 원하노라 주는 너희 모든 사람과 함께 하실찌어다

Parallel Translation

평강의 주께서 친히 Now the Lord of peace himself 때마다

일마다 always by all means 너희에게 평강을 주시기를 원

하노라 give you peace 주는 너희 모든 사람과 함께 하실

찌어다 The Lord be with you all.

✝

Now the Lord of peace himself give you peace always by all means. The Lord be with you all.

평강의 주께서 친히 때마다 일마다 너희에게 평강을 주시기를 원하노라 주는 너희 모든 사람과 함께 하실지어다

Blessing 2

Ephesians 3:20

Now unto him that is able to do exceeding abundantly above all that we ask or think, according to the power that worketh in us,

에베소서 3:20

우리 가운데서 역사하시는 능력대로 우리의 온갖 구하는 것이나 생각하는 것에 더 넘치도록 능히 하실 이에게

우리 가운데서 역사하시는 능력대로 according to the power

that worketh in us 우리의 온갖 구하는 것이나 생각하는 것

에 더 넘치도록 above all that we ask or think 능히 하실 이

에게 Now unto him that is able to do exceeding abundantly

✝

Now unto him that is able to do exceeding abundantly above all that we ask or think, according to the power that worketh in us

우리 가운데서 역사하시는 능력대로 우리의 온갖 구하는 것이나 생각하는 것에 더 넘치도록 능히 하실 이에게

Genesis 12:3

And I will bless them that bless thee, and curse him that curseth thee: and in thee shall all families of the earth be blessed.

창세기 12:3

너를 축복하는 자에게는 내가 복을 내리고 너를 저주하는 자에게는 내가 저주하리니 땅의 모든 족속이 너를 인하여 복을 얻을 것이니라 하신지라

Parallel Translation

너를 축복하는 자에게는 them that bless thee 내가 복을 내

리고 And I will bless 너를 저주하는 자에게는 him that

curseth thee 내가 저주하리니 and curse 땅의 모든 족속이

all families of the earth 너를 인하여 and in thee shall 복을

얻을 것이니라 하신지라 be blessed.

✝

And I will bless them that bless thee, and curse him that curseth thee: and in thee shall all families of the earth be blessed.

너를 축복하는 자에게는 내가 복을 내리고 너를 저주하는 자에게는 내가 저주하리니 땅의 모든 족속이 너를 인하여 복을 얻을 것이니라 하신지라

Bible Verses About Wisdom

지혜의 성경 말씀

Wisdom 1

Ecclesiastes 2 :13

Then I saw that wisdom excelleth folly, as far as light excelleth darkness.

전도서 2 :13

내가 보건대 지혜가 우매보다 뛰어남이 빛이 어두움 보다 뛰어남 같도다

Parallel Translation

내가 보건대 Then I saw that 지혜가 우매보다 뛰어남이

wisdom excelleth folly 빛이 어두움보다 뛰어남 light

excelleth darkness 같도다 as far as

✝

Then I saw that wisdom excelleth folly, as far as light excelleth darkness.

내가 보건대 지혜가 우
매보다 뛰어남이 빛이
어두움보다 뛰어남 같도
다

Ecclesiastes 7 :5

It is better to hear the rebuke of the wise, than for a man to hear the song of fools.

전도서 7:5

사람이 지혜자의 책망을 듣는 것이 우매자의 노래를 듣는 것보다 나으니라

Parallel Translation

사람이 지혜자의 책망을 듣는 것이 It is better to hear the

rebuke of the wise 우매자의 노래를 듣는 것보다 나으니라

than for a man to hear the song of fools

✝

It is better to hear the rebuke of the wise, than for a man to hear the song of fools.

사람이 지혜자의 책망을 듣는 것이 우매자의 노래를 듣는 것보다 나으니라

Ecclesiastes 7 :8-9

8 Better is the end of a thing than the beginning thereof: and the patient in spirit is better than the proud in spirit.

9 Be not hasty in thy spirit to be angry: for anger resteth in the bosom of fools.

전도서 7:8-9

8 일의 끝이 시작보다 낫고 참는 마음이 교만한 마음보다 나으니

9 급한 마음으로 노를 발하지 말라 노는 우매자의 품에 머무름이니라

8 일의 끝이 시작보다 낫고 Better is the end of a thing than

the beginning thereof 참는 마음이 교만한 마음보다 나으니

nd the patient in spirit is better than the proud in spirit

9 급한 마음으로 노를 발하지 말라 Be not hasty in thy

spirit to be angry 노는 우매자의 품에 머무름이니라 for

anger resteth in the bosom of fools

✝

Better is the end of a thing than the beginning thereof: and the patient in spirit is better than the proud in spirit. Be not hasty in thy spirit to be angry: for anger resteth in the bosom of fools.

일의 끝이 시작보다 낫고 참는 마음이 교만한 마음보다 나으니 급한 마음으로 노를 발하지 말라 노는 우매자의 품에 머무름이니라

Wisdom 4

Ecclesiastes 7 :11

Wisdom is good with an inheritance: and by it there is profit to them that see the sun.

전도서 7:11

지혜는 유업 같이 아름답고 햇빛을 보는 자에게 유익하도다

Parallel Translation

지혜는 유업 같이 아름답고 Wisdom is good with an

inheritance 햇빛을 보는 자에게 유익하도다 and by it there

is profit to them that see the sun

†

Wisdom is good with an inheritance: and by it there is profit to them that see the sun.

지혜는 유업 같이 아름답고 햇빛을 보는 자에게 유익하도다

Ecclesiastes 7 :13-14

13 Consider the work of God: for who can make that straight, which he hath made crooked?

14 In the day of prosperity be joyful, but in the day of adversity consider: God also hath set the one over against the other, to the end that man should find nothing after him.

전도서 7: 13-14

13 하나님의 행하시는 일을 보라 하나님이 굽게 하신 것을 누가 능히 곧게 하겠느냐

14 형통한 날에는 기뻐하고 곤고한 날에는 생각하라 하나님이 이 두 가지를 병행하게 하사 사람으로 그 장래 일을 능히 헤아려 알지 못하게 하셨느니라

213

13 하나님의 행하시는 일을 보라 Consider the work of God

하나님이 굽게 하신 것을 which he hath made crooked 누가

능히 곧게 하겠느냐 or who can make that straight

14 형통한 날에는 기뻐하고 In the day of prosperity be

joyful 곤고한 날에는 생각하라 but in the day of adversity

consider 하나님이 이 두 가지를 병행하게 하사 God also

hath set the one over against the other 사람으로 그 장래 일

을 능히 헤아려 알지 못하게 하셨느니라 to the end that

man should find nothing after him

✝

13 Consider the work of God:
for who can make that straight,
which he hath made crooked?

14 In the day of prosperity be
joyful, but in the day of adversity
consider: God also hath set the
one over against the other, to the
end that man should find
nothing after him.

13 하나님의 행하시는 일
을 보라 하나님이 굽게 하
신 것을 누가 능히 곧게 하
겠느냐

14 형통한 날에는 기뻐하
고 곤고한 날에는 생각하라
하나님이 이 두 가지를 병
행하게 하사 사람으로 그
장래 일을 능히 헤아려 알
지 못하게 하셨느니라

Ecclesiastes 9: 4

For to him that is joined to all the living there is hope: for a living dog is better than a dead lion.

전도서 9: 4

모든 산 자 중에 참예한 자가 소망이 있음은 산 개 가 죽은 사자보다 나음이니라

Parallel Translation

모든 산 자 중에 참예한 자가 소망이 있음은 For to him

that is joined to all the living there is hope 산 개가 죽은 사자

보다 나음이니라 for a living dog is better than a dead lion

✝

For to him that is joined to all
the living there is hope: for a
living dog is better than a dead
lion.

모든 산 자 중에 참예한
자가 소망이 있음은 산
개가 죽은 사자보다 나
음이니라

Ecclesiastes 9: 17-18

17 The words of wise men are heard in quiet more than the cry of him that ruleth among fools.

18 Wisdom is better than weapons of war: but one sinner destroyeth much good.

전도서 9: 17-18

17 종용히 들리는 지혜자의 말이 우매자의 어른의 호령보다 나으니라

18 지혜가 병기보다 나으니라 그러나 한 죄인이 많은 선을 패궤케 하느니라

17 종용히 들리는 지혜자의 말이 The words of wise men

are heard in quiet 우매자의 어른의 호령보다 나으니라

more than the cry of him that ruleth among fools

18 지혜가 병기보다 나으니라 Wisdom is better than

weapons of war 그러나 한 죄인이 많은 선을 패궤케 하느

니라 but one sinner destroyeth much good

✝

The words of wise men are heard in quiet more than the cry of him that ruleth among fools. Wisdom is better than weapons of war: but one sinner destroyeth much good.

종용히 들리는 지혜자의 말
이 우매자의 어른의 호령보
다 나으니라 지혜가 병기보
다 나으니라 그러나 한 죄
인이 많은 선을 패궤케 하
느니라

Ecclesiastes 12: 1-2

1 Remember now thy Creator in the days of thy youth, while the evil days come not, nor the years draw nigh, when thou shalt say, I have no pleasure in them;

2 While the sun, or the light, or the moon, or the stars, be not darkened, nor the clouds return after the rain:

전도서 12: 1-2

1 너는 청년의 때 곧 곤고한 날이 이르기 전, 나는 아무 낙이 없다고 할 해가 가깝기 전에 너의 창조자를 기억하라

2 해와 빛과 달과 별들이 어둡기 전에, 비 뒤에 구름이 다시 일어나기 전에 그리하라

Parallel Translation

1 너는 청년의 때 in the days of thy youth 곧 곤고한 날이

이르기 전 while the evil days come not 나는 아무 낙이 없

다고 할 해가 when thou shalt say, I have no pleasure in them

가깝기 전에 nor the years draw nigh 너의 창조자를 기억하

라 Remember now thy Creator

2 해와 빛과 While the sun, or the light 달과 별들이 or the

moon, or the stars 어둡기 전에 be not darkened 비 뒤에 구

름이 다시 일어나기 전에 그리하라 nor the clouds return

after the rain

✝

1 Remember now thy Creator in the days of thy youth, while the evil days come not, nor the years draw nigh, when thou shalt say, I have no pleasure in them:

2 While the sun, or the light, or the moon, or the stars be not darkened, nor the clouds return after the rain:

1 너는 청년의 때 곧 곤고
한 날이 이르기 전, 나는
아무 낙이 없다고 할 해가
가깝기 전에 너의 창조자를
기억하라

2 해와 빛과 달과 별들이
어둡기 전에, 비 뒤에 구름
이 다시 일어나기 전에 그
리하라